Los Angeles
lieben lernen

*Der perfekte Aufenthalt für einen unvergessli-
chen Aufenthalt in Los Angeles inkl. Insider-
Tipps, Tipps zum Geldsparen und Packliste*

Miriam Berghaus

✈ INHALT

Das erwartet Sie

Ihr lang ersehnter Urlaub in Los Angeles steht an. Es ist eine große und fremde Stadt mit anderen Kulturen, anderen Sprachen sowie anderen Gewohnheiten. Los Angeles ist über 86.000 Quadratmeter groß und auf über 1.300 Quadratkilometern bebaut.

Dieser Reiseführer enthält hilfreiche Vorschläge, Highlights sowie Insider-Tipps und zeigt Ihnen die besten Seiten der Stadt. Zudem soll er versuchen, Ihnen einen Überblick über die riesige Stadt zu geben.

Ob ein paar Tage oder ein paar Wochen Urlaub, ein langfristiger Aufenthalt oder eine Sprachreise?

- sonniges Wetter
- fantastisches Essen
- grandiose Aussichten
- zahlreiche Outdoor-Aktivitäten
- ausgefallende Kunst
- ein Blick hinter die Kulissen
- Strände zum Relaxen
- perfekte Shoppingmöglichkeiten
- einmalige, erstaunenswerte Architektur
- faszinierende Unterhaltungsangebote

Los Angeles hat alles zu bieten und wird somit zu einem unvergesslichen Erlebnis!

Willkommen in Los Angeles

Keine Stadt der Welt ist wie Los Angeles. Los Angeles ist voller Faszinationen und Möglichkeiten. Nicht ohne Grund wird sie auch die Stadt der Engel genannt und gilt als Stadt der Reichen und Schönen.

Kilometerlange Sandstrände und riesige Palmen unter strahlend blauem Himmel. In keiner anderen Stadt können Sie im ersten Moment surfen und im nächsten Moment im Schnee stehen.

Nirgendwo sonst bekommt man französische

Croissants, deutsches Brot, mexikanische Tachos, amerikanische Sandwiches oder chinesische Spezialitäten am selben Ort.

Surfer auf dem Meer, Menschen, die den Strand entlang joggen, Inlineskater, Hundebesitzer mit ihren Vierbeinern, tätowierte junge Leute auf Sportgeräten am Strand und Stars in teuren Outfits auf dem Boulevard.

Los Angeles ist eine außergewöhnliche Metropole und gilt nach New York mit über 14 Millionen Einwohnern als zweitgrößten Stadt der Vereinigten Staaten. Es leben Menschen aus über 160 verschiedenen Nationen mit über 96 unterschiedlichen Sprachen in der Stadt.

Es ist eine Stadt, in der es kaum größere Gegensätze zwischen Reichtum und Armut gibt.

Bekannt wurde sie vor allem durch die Film- und Fernsehindustrie. Namen wie Brad Pitt, Jennifer Lawrence, Scarlett Johansson oder Angelina Jolie sind heutzutage weltweit bekannt.

Neben Filmkulissen wird einiges geboten – einzigartige Sehenswürdigkeiten, traumhafte Strände, renommierte Kunstgalerien oder die kalifornische Küche.

Ein Ausflug in die Geschichte

Los Angeles wurde am 4. September 1781 gegründet und war 1800 nur eine kleine Stadt mit knapp 400 Einwohnern. 35 Jahre später wurde sie Hauptstadt der mexikanischen Region Alta California.

Doch schon nach kurzer Zeit fiel Kalifornien an die USA und auch Los Angeles wurde an die USA übergeben. Dies wurde im Vertrag von „Guagalupe Hidalgo" festgelegt.

1848 wurde in Los Angeles Gold gefunden, was

sich schnell herumsprach, und aus aller Welt kamen Menschen in die Stadt geströmt.

Im Jahre 1860 zählte Los Angeles bereits über 5000 Einwohner. Doch dabei sollte es nicht bleiben. 1876 wurde die erste Eisenbahnverbindung nach San Francisco fertiggestellt und 9 Jahre später die Verbindung zwischen der Ost- und Westküste.

Dadurch wanderten über 50.000 Menschen ein und ließen sich in der Stadt nieder.

Weiterhin bekannt wurde Los Angeles durch die Ölproduktion, welche Anfang des 20. Jahrhunderts einen weltweiten Bestand förderte – außerdem durch die Entwicklungen in der Flugzeug- und die in der Raumfahrtindustrie.

Nach der Gründung Hollywoods im Jahre 1908 legte die Filmindustrie stark zu und stellte eine Vielzahl an Mitarbeitern ein.

Die Einwohnerzahl stieg dadurch weiter an und kurze Zeit später lag sie bei über 250.000. Überwiegend mexikanische, europäische, chinesische und amerikanische Menschen wanderten ein und schon damals galt die Stadt als sehr weltoffen und kulturreich.

1930 wurde in Hollywood der erste Tonfilm gedreht.

Die Olympischen Spiele fanden 1932 in Los Angeles zum ersten Mal in der Geschichte statt und 1984 begeisterten sie Millionen Zuschauer zum zweiten Mal.

Angesichts der Weltwirtschaftskrise konnten viele Sportler aufgrund finanzieller Mittel nicht an diesen Spielen teilnehmen.

Los Angeles wurde immer bekannter und es zog immer mehr Menschen in die Stadt, die im Jahre 1940 die neu entstandene erste Autobahn, den Pasadena Freeway, nutzen konnten.

Zudem war Los Angeles sehr produktiv in der Kriegsproduktion.

Kriege zwischen Vietnam und Korea führten die Stadt zu viel Geld, welches vor allem in die Forschung sowie in die Luft- und Raumfahrt investiert wurde.

1955 wurde das Disneyland in Anaheim gebaut, welches auch heute noch stark besucht wird.

Das Erdbeben 1994 verwüstete dann aber die gesamte Stadt, welche nach und nach erneut aufgebaut wurde.

1997 entstand daraufhin das bis heute beliebte Getty Center.

Einige Jahre später wurde die Zugstrecke für Hochgeschwindigkeiten zwischen Los Angeles und San Francisco gebaut, welche Touristen und Einheimischen eine direkte Verbindung ermöglicht.

Los Angeles wächst und täglich steigt die Zahl der Einwohner und Touristen an.

Lage und Klima von Los Angeles

Los Angeles liegt am Pazifischen Ozean und am Los Angeles River im Südwesten Kaliforniens. Das Stadtgebiet erstreckt sich auf einer Fläche von 1290,6 Quadratkilometern, die sich in 1214.9 Quadratkilometer Land- und 75.7 Quadratkilometer Wasserfläche aufteilen.

Durchschnittlich liegt die Stadt etwa 100 Meter über dem Meeresspiegel. Das Klima ist subtropisch. Die durchschnittliche Temperatur liegt bei 18 Grad Celsius. Besuchen Sie Los Angeles im Sommer, steigen die Temperaturen auf angenehme durch-schnittliche 25 Grad Celsius an. Durch die Lage am Pazifik kommt es zu diesen sehr angenehmen Temperaturen, welche sonst durchaus höher wären.

Durchschnittlich gibt es über 329 Sonnenstunden im Jahr und nur wenige Regentage, was das Klima nahezu perfekt macht.

Alle paar Jahre kommt es zu Hitzewellen, welche durch die Santa-Ana-Winde entstehen.

Die Temperaturen können dann auf über 40 Grad Celsius steigen und ausgedehnte Wald- und Buschbrände hervorrufen.

Zudem herrscht in Los Angeles große Erdbebengefahr. Für die Menschen gehört diese Gefahr zu ihrem Leben dazu und sie sind im Ernstfall vorbereitet.

Tipp: Die beste Reisezeit für Los Angeles ist Mai bis Oktober. Höchste Anzahl an Sonnenstunden!

Beliebteste Stadtteile

L os Angeles verfügt über zahlreiche Stadtteile. Hier gibt es eine multikulturelle Vielfalt, Armut, Reichtum sowie soziale Unterschiede, die je nach Stadtgebiet deutlich sichtbar werden.

Im Folgenden aufgeführt sind die drei beliebtesten Stadtteile mit den jeweiligen Highlights.

DOWNTOWN

Downtown gilt als sogenannte Innenstadt von Los Angeles und gehört zu den deutlich preiswerteren Regionen.

In erster Linie werden Sie hauptsächlich auf Bürogebäude stoßen, denn in Downtown stehen die wenigen Hochhäuser und Wolkenkratzer von Los Angeles. Daher wird dieser Teil auch Bunker Hill genannt.

Ein Besuch dorthin ist jedoch absolut empfehlenswert, da sich der Stadtteil in den letzten Jahren sehr positiv verändert hat.

Downtown ist für seine Architektur bekannt, denn viele Gebäude wurden von Architekten neu entworfen und designet.

Außerdem gehören zu Downtown weitere kleinere Stadtviertel.

Chinatown ist ein Beispiel davon und es erinnert sofort an China. Ein fröhliches Viertel, mit vielen chinesische Essensmöglichkeiten, kleinen Läden und Feinkostgeschäften.

Im gesamten Stadtteil werden die Häuser im pagodenartigen Stil mit roten Laternen verziert.

Ein weiterer Stadtteil von Downtown ist das bekannte Little Tokio, das genau wie Chinatown wie eine kleine eigene Stadt ist. Little Tokio hat knapp 30.000 Einwohner und seinen ganz eigenen, japanischen Stil. Man kann dort das berühmte „Japanese American National Museum" besichtigen und bestaunen oder man lässt sich von leckeren Düften in ein Restaurant leiten.

Tipp: Um Ihnen die beste Besuchszeit zu garantieren, empfehlen wir, Downtown Los Angeles nachmittags zu besuchen.

DIE HIGHLIGHTS IN DOWNTOWN

Union Stadion

Das Union Stadion ist einer der größten Bahnhöfe in den Vereinigten Staaten. Der Bahnhof wurde, umgeben von Blumen und Palmen, mitten im Zentrum von Los Angeles angelegt. 1939 wurde er gebaut und wird bis heute von Pendlern, Touristen und Reisenden genutzt. Diese bestaunen täglich das gepflegte sowie saubere Gebäude, welches so gar nicht an die Vorurteile eines Bahnhofes erinnert.

Bradbury Building

Das Bradbury Building ist ein Geschäftshaus in der Innenstadt von Los Angeles und zählt zu den ältesten erhaltenen Gebäuden der Stadt. Es wurde im Jahre 1893 gebaut und steht heutzutage unter Schutz. Außerdem dient es als Bürogebäude und wird an private Firmen vermietet.

Von außen erscheint das Gebäude unscheinbar und man denkt nicht, dass es von innen ein Ausmaß an Optik und Ästhetik annimmt. Touristen können eine Tour durch das Bradbury Building machen, um sich selbst einen Eindruck zu verschaffen und das Kunstwerk zu bestaunen.

City Hall

In der City Hall sitzt die Stadtverwaltung, der Bürgermeister und der Stadtrat. Sie steht in Downtown, im Viertel Civic Center, ist 138 Meter hoch und beherbergt 32 Stockwerke.

Die hohe weiße Fassade der City Hall ist aus Terrakotta und Granit und gegen Erdbeben gesichert. Nach einer Eintrittskontrolle darf man auf die 27. Etage hochfahren und kann dort eine hervorragende Aussicht genießen.

Grand Park

Sie möchten ein bisschen Natur in der Innenstadt genießen? Bei vielen Sitzmöglichkeiten und einem großen Springbrunnen, welcher abends bunt beleuchtet wird, können Sie sich entspannen. Zudem gibt es viele unterhaltsame Bereiche für Kinder zum Austoben.

HOLLYWOOD

Hollywood ist weltweit für die Filmindustrie bekannt und für viele Menschen in der Unterhaltungsbranche ein Symbol. 1903 wurde es gegründet und heutzutage leben rund 153.627 Einwohner in dem Stadtteil.

Jährlich findet hier die Oscar Verleihung statt, welche zum wichtigsten Ereignis des Jahres zählt. Alle Stars aus Hollywood kommen dazu in die Stadt.

Hollywood wäre nicht Hollywood, wenn der berühmte Schriftzug fehlen würde. Es ist das Wahrzeichen der Filmstadt. Früher diente der Schriftzug „Hollywoodland" als Werbetafel für Bauland in der Gegend. Seit über 86 Jahren steht es nun an der Südseite des Mount Lee. 1949 wurde das neue, heutzutage bekannte Zeichen „Hollywood" errichtet, welches für die Filmindustrie werben soll. Die großen Buchstaben auf den Hollywood Hills stehen in naher Entfernung zu den luxuriösen Villen der in der Stadt bekannten Stars.

DIE HIGHLIGHTS IN HOLLYWOOD

Walk of Fame

Neben der Filmindustrie ist der Walk of Fame ein Anziehungspunkt in Hollywood. Es handelt sich dabei um einen 2,8 km langen Gehweg, der sich zu den Seiten des Hollywoods Boulevards erstreckt.

Dieser ist 1960 entstanden und heutzutage sind mehr als 2500 Sterne dort eingelassen. Über 24 werden pro Jahr vergeben. Der Walk of Fame ehrt Künstler für ihre Errungenschaften in der amerikanischen Unterhaltungsindustrie. Um einen Künstler für einen Stern vorzuschlagen, muss dieser mindestens 5 Jahre aktiv im Showgeschäft sein und er muss der Nennung einwilligen.

Griffith Observatory

Umgeben von einem großen Park liegt das Griffith Observatory. Das Gebäude diente in vielen Filmen als Kulisse und ist dadurch bekannt. Im Inneren befinden sich hohe kulturell und kunstvoll verzierte Wände.

Zudem bietet das Observatorium die Möglichkeit, im Café „at the End of the Universe" einzukehren, an einer Planetarien-Show teilzunehmen oder die Aussicht auf der Plattform zu genießen. Außerdem gibt es im Gebäude ein Teleskop und Ausstellungen zum Universum sowie zur Astronomie.

Der Eintritt ist frei, allerdings kosten die Planetarium-Shows etwas Geld. Vor dem Griffith Observatory befindet sich ein Parkplatz, der allerdings recht klein ist und ziemlich voll. In geringer Entfernung findet man aber genügend Parkmöglichkeiten.

Sunset Ranch

Als Pferde- oder Tierliebhaber, Naturgenießer oder für den einen ganz besonderen Moment gibt es die Sunset Ranch, welche atemberaubende Reittouren anbietet.

Es gibt verschiedene Touren, aus denen Sie wählen können. Zur Auswahl stehen:

- die einstündige Tour in die Berge von Hollywood, mit Blick auf den Schriftzug Hollywoods
- die zweistündige Tour, die zusätzlich zu den Inhalten der einstündigen noch die Täler und Flüsse beinhaltet
- die BBQ-Tour, eine zweistündige Tour am Abend, mit grandiosem Ausblick und abschließend dem besten BBQ der Stadt.

Madame Tussauds Wax Museum

Madame Tussauds ist weltweit für ihre Wachsfiguren bekannt. Auch in Los Angeles hat im Jahre 2009 das erste Wachsfigurenkabinett eröffnet, welches zu den größten überhaupt zählt.

Lebensähnlichen Figuren, wie man sie bislang nur aus der Welt des Fernsehens und Films kannte, kommen Sie zum Anfassen nah. Zudem werden auch Musikidole und Berühmtheiten aus dem Sport dargestellt. Das Museum ist auf drei Etagen verteilt und so groß, dass Sie sich ohne Komplikationen frei bewegen können und so viele Bilder machen können, wie Sie möchten. Madame Tussauds hat täglich von 10 Uhr bis 22 Uhr geöffnet.

BEVERLY HILLS

In Beverly Hills können Sie den Luxus nicht nur sehen, sondern auch spüren. Mit 15 Quadratmetern ist es eine kleine Stadt von Los Angeles. Mit 33.000 Einwohnern zählt Beverly Hills zu der teuersten und luxuriösesten Stadt überhaupt. An den mit Palmen umgebenen Boulevards liegen luxuriöse Villen von Hollywoods Berühmtheiten, mit den höchsten Mieten und Grundstückspreisen weltweit.

Beverly Hills hat eine bunte Vergangenheit, denn nach anfänglichem Ranch- und Farmland wurde es im späten 19. Jahrhundert zum Wohngebiet und zu dem Zuhause vieler Stars.

DIE HIGHLIGHTS IN BEVERLY HILLS

Rodeo Drive

Auf dem Rodeo Drive stehen die Boutiquen der größten Designernamen aus der internationalen Modewelt. Luis Vuitton, Michael Kors, Rolex, Hugo Boss, Dior und Chanel schaffen einen kleinen Eindruck.

Die Straße ist knapp 3,2 km lang und zählt zur teuersten der Welt. Limousinen und die neusten Modelle der Luxus-Automarken fahren die vierspurige Straße entlang und präsentieren sich. Der Rodeo Drive ist die erste Adresse für die Einheimischen, aber auch für Besucher aus aller Welt.

Beverly Gardens Park
Nur wenige Minuten neben dem Rodeo Drive liegt der edel angelegte Beverly Gardens Park, welcher zum Entspannen und Verweilen einlädt. An dem großen Seerosenteich und vor dem schönen Schriftzug des Parkes werden von vielen Touristen einige Erinnerungsbilder gemacht.

Angel Walls
Die Angel Walls, von der Künstlerin Colette Miller, sind vor allem durch Social Media bekannt. Die Wandmalereien bieten eine schöne Gelegenheit, ein paar Fotos entstehen zu lassen. Der Apell der Bilder soll zeigen, wie verschieden und wunderschön die Menschheit ist.

Mulholland Drive
Diejenigen, die mit dem Motorrad oder Auto in Los Angeles sind, sollten diese 15 Kilometer lange

Strecke unbedingt einmal abfahren, denn der Mull-holland Drive zählt zu den schönsten Straßen Los Angeles.

1924 wurde sie gebaut und sie verläuft kurven-reich und zweispurig durch die Hügel der Santa Monica Berge. Die Straße bietet wunderschöne Ausbli-cke und Aussichtspunkte:

- Johnson
- Stone Canyon
- Charles und Lotte Melhorn
- Babara Fine
- Autry
- Dead Man
- Nancy Hoover Pohl
- Universal City
- Hollywood Bowl

Tipp: Für eine perfekte Sicht sollten Sie den Mul-holland Drive erst ab mittags bis zur Schließung um 21 Uhr befahren, da Los Angeles morgens oft im Ne-bel liegt.

Highlights in Los Angeles

Bei einer so großen Metropole wie Los Angeles ist es unmöglich, alle Highlights und Sehenswürdigkeiten in ein paar Tagen zu besuchen. Dennoch möchte man am liebsten so viele wie möglich sehen. Neben den bereits vorgestellten Highlights in Kapitel 5 werden hier die besten Sehenswürdigkeiten aufgelistet.

WEITERE TOP 3 SEHENSWÜRDIGKEITEN

Universal Studios Hollywood

Im Universal Studios Hollywood können Sie in eine Filmkulisse eintauchen, spannende Attraktionen bestaunen, durch das Krustyland fahren und Special-Effekte aus Filmen live erleben. Der sehr familienfreundliche Park bietet außerdem verschiedene Touren zu unterschiedlichen Themen an.

Tipp: Nehmen Sie sich Wechselklamotten mit, bei einigen Attraktionen könnten Sie nass werden.

Walt Disney Concert Hall

Das Gebäude ist, wie der Name schon sagt, eine Konzerthalle, die zu den bedeutendsten der Welt gehört. Jährlich finden mehr als 250 Konzerte in der Walt Disney Concert Hall in Downtown statt und sie begeistert das Publikum seit Jahren sowohl mit klassischer als auch mit zeitgenössischer Jazz- und Weltmusik, begleitet von erstklassiger Akustik.

The Getty Center

Das Getty Center ist ein Museum europäischer und amerikanischer Kunst und wurde inmitten von bunten großflächigen Blumenbeeten angelegt. Gemälde und Fotografien begeistern täglich die Besucher und als Höhepunkt ist als Jahresausstellung die Kunstsammlung von J. Paul Getty anzusehen.

Tipp: Das Getty Center gewährt kostenlosen Eintritt.

Entspannen und Träumen

Sie möchten abseits der vollen Straßen von Los Angeles die Natur spüren? Ihre Seele baumeln lassen und einfach nur den Moment genießen? Los Angeles bietet viele aneinandergereihte, traumhafte Strände, wo man die große Auswahl hat, sich seinen Lieblingsstrand auszusuchen. Der Pazifik ist, auch im Hochsommer, noch sehr kalt, was aber keinesfalls die Einheimischen oder Touristen abschreckt, trotzdem ins Wasser zu gehen.

Malibu

Der Strand erlangte seine Berühmtheit durch den Film „Baywatch". Die Surfer-Freunde unter Ihnen können an dem beliebten Sandstrand ihre Surfbretter schwingen und über die Wellen reiten.

Wer nicht surft, hat die Möglichkeit, Volleyball zu spielen oder schwimmen zu gehen.

Geschultes Personal überwacht den Strand zu Ihrer Sicherheit.

Santa Monica

Das Gefühl, wenn Sie diesen Strand betreten, ist wie auf einem Jahrmarkt. Neben Sand und Wasser erwarten Sie ein Riesenrad, Verkäufer und viele Menschen, die auf ihren bunten Badetüchern in der Sonne liegen.

Entweder legen Sie sich dazu oder aber Sie genießen das Meer bei einer ausgiebigen Fahrrad-Tour am Strand entlang.

Venice Beach

Wenn das private Training auch im Urlaub nicht vernachlässigt werden soll, können Sie an den Strand zum Trainieren gehen.

Venice Beach ist der „Muskelstrand" und aufgebaut wie ein Open-Air-Fitnessstudio. Bei einer großen Auswahl an Geräten haben Sie bei traumhafter Atmosphäre die Möglichkeit, Sport zu machen.

Gleichzeitig findet man dort aber auch Souvenirverkäufer und Straßenkünstler zum Bestaunen.

El Matador State Beach

Einen Besuch dieses unbeschreiblichen Strandes sollten Sie auf keinen Fall vergessen. Der „El Matador" Strand ist das Naturereignis, an dem Sie atemberaubende Felsen sehen, an denen sich die Wellen brechen.

Der Strand ist ein Geheimtipp und bei Touristen kaum bekannt. Daher ist es dort sehr leer und man kann die Natur genießen.

> Tipp: Kommen Sie abends, dann können Sie einen der schönsten Sonnenuntergänge erleben.

Die besten Hotels in Los Angeles

Auch bei der Wahl der passenden Unterkunft lässt Los Angeles keine Wünsche offen. Ob preiswert oder luxuriös, nur Sie allein entscheiden, wo Sie sich am wohlsten fühlen und was Sie sich preislich vorstellen.

Neben Hotels gibt es noch eine Vielzahl an Ferienhäusern oder Pensionen, weshalb es empfehlenswert ist, sich vorab zu informieren.

Gute Quellen sind dafür im Internet zum Beispiel „Holidaycheck" oder „ab-in-den-Urlaub". Dort finden Sie gute Unterkünfte zu fairen Preisen.

Anderenfalls bietet ein Reisebüro vielfältige Beratungen zu An- und Abreise sowie zu Unterkünften in Los Angeles. Hierzu finden Sie im Folgenden einige Vorschläge, welche zu den Insider-Tipps unter den Unterkünften gehören.

5-STERNE-VORSCHLAG

Beverly Wilshire

Ein romantisches, luxuriöses Apartment mit erstklassigem Ausblick über die Dächer von Beverly Hills. Mit der einzigartigen Nähe zu dem weltweit bekannten „Rodeo Drive" sind Sie immer mitten im Geschehen.

Das Hotel bietet erstklassigen Service wie Zimmerservice, Babysitting, ein Chauffeur und kostenlosen Flughafen-Transfer. Zudem gibt es im Hotel eigene Geschäfte und einen Frisör- und Schönheitssalon.

Der große Wellnessbereich verwöhnt Sie im Spa mit Massagen, Gesichtsmasken und vielen weiteren Anwendungen.

Frisches Obst, Tee, Säfte und Wasserflaschen erhalten die Gäste kostenlos.

Parkmöglichkeiten gibt es ausreichend im hauseigenen Parkhaus und zusätzlich stehen Aufladestationen für Elektroautos zur Verfügung.

Das Hotelpersonal spricht neben Englisch, Spanisch und Deutsch auch Arabisch, Französisch, Italienisch, Portugiesisch, Russisch, Türkisch und Chinesisch. Damit bietet das Hotel Gästen aus unterschiedlichsten Ländern einen angenehmen Aufenthalt.

Hotel Casa del Mar

Ein Hotelzimmer mit Blick auf den blauen Pazifik und grüne Plamen? Das Hotel bietet einen traumhaften Ausblick aus den stilvoll eingerichteten Zimmern und zudem viele weitere Highlights.

Der „Santa Monica Pier", das „Santa Monica Pier Aquarium", der „Santa Monica Farmers Market" sowie der „Pacific Ocean Park" liegen direkt vor der Tür.

Am Santa Monica Strand, welcher nur 50 Meter entfernt ist, kann man schwimmen, surfen, Muscheln und Steine sammeln, leckere Snacks verzehren, joggen, weitere Arten von Wassersport betreiben oder abends den Sonnenuntergang beobachten.

Im Hotel selbst zählen ein Wellnessbereich mit Massagen, Whirlpool und Spa und ein Fitnesscenter mit täglich wechselnden Fitnesskursen zu der Ausstattung.

Das Hotel ist behindertenfreundlich und Familien sind hier gerne gesehen. Dazu gibt es extra große, dafür vorgesehene Familienzimmer.

Gäste haben die Möglichkeit, sich für eine Stunde pro Tag kostenlos ein Fahrrad auszuleihen. Damit lässt sich super die Gegend erkunden.

Four Seasons Hotel Los Angeles At Beverly Hills

Mit über 700 € pro Nacht gehört das Hotel zu denen, die in der Preisklasse mit am höchsten liegen.

Das Hotel bietet eine sehr gute Lage mitten in Beverly Hills. Innerhalb von wenigen Minuten erreicht man die „Beverly Hills City Hall".

Die großen Zimmer sind luxuriös, gemütlich und modern gestaltet.

Im Inneren findet man eine ganze Reihe an Wellnessmöglichkeiten. Massagen gibt es in Form von Ganzkörper-, Fuß-, Hand-, Kopf-, Nacken- und Rückenmassagen. Zudem werden auch Paarmassagen angeboten.

Des Weiteren gibt es einen Außenpool, welcher beheizt ist und ganzjährig genutzt werden kann. Ein Salzwasserpool und ein Whirlpool runden das

Angebot ab. Vom Pool aus hat man eine wunderschöne Aussicht über die Stadt und die Berge. Außerdem gibt es eine Sauna und einen Spa-Bereich.

Auch die sportliche Fitness muss im Urlaub nicht vernachlässigt werden, denn es steht für Sie ein überaus modernes Fitnesscenter zur Verfügung.

Das Hotel bietet neben einem Express Check-in und Check-out auch eine Gepäckaufbewahrung und einen Informationsschalter. Ein Geldautomat ist vor Ort und auch ein Währungstausch kann problemlos im Hotel stattfinden.

Bei schönem Wetter steht für Sie ein Außenbereich mit Terrasse und Garten zur Nutzung bereit.

Auf Wunsch kann zudem ein Bügelservice, eine Schuhputzmaschine oder eine chemische Reinigung in Anspruch genommen werden. Auch ein Waschsalon kann genutzt werden.

4-STERNE-VORSCHLAG

Level

Ein traumhaftes Apartment in Downtown mit hellen, modern luxuriösen Zimmern. Zimmer in höheren Stockwerken bieten eine grandiose Aussicht auf die Skyline und die Berge.

In weniger als einem Kilometer liegen viele Attraktionen vor der Tür. Beispiele dafür sind das „Orpheum Theatre", das „Grammy Museum", das „Staples Center" oder die „Santee Alley". Auch Restaurants und Märkte liegen nur wenige Minuten entfernt. Somit hat das Hotel eine hervorragende Lage mitten in Downtown.

Bei schönem Wetter können die Gäste tagsüber den Picknickbereich und abends die Feuerstelle zum Entspannen nutzen. Zudem gibt es diverse Grillmöglichkeiten.

Neben Outdoor-Angeboten haben Sie auch viele Möglichkeiten, im Hotel drinnen eine Wellnessmassage zu buchen, in dem Wellnessbereich zu entspannen, die Sauna zu nutzen oder das hauseigene Fitnessstudio zu besuchen.

Ein großer, beheizter Pool auf dem Dach mit weitläufiger Aussicht sowie ein Whirlpool runden das Angebot ab. Außerdem bietet eine Tischtennis-platte im Hotel viel Spaß.

Falls Sie businessbedingt reisen, hat das Hotel Konferenz- und Veranstaltungsräume sowie Fax- und Kopiergeräte.

Loews Hollywood

Das Hotel zählt mit seiner perfekten Lage zu den besten in der Preisklasse. Der „Walk of Fame" liegt nur eine Minute zu Fuß entfernt.

Zudem begeistert es mit einem ausgeprägten Unterhaltungspaket und neuer Ausstattung. Aktivitäten wie Filmnächte, Bowling und Wandern werden außerhalb der Unterkunft angeboten und vom Hotel unterstützt.

Das Hotel bietet hervorragende Verpflegung. Zum Frühstücksbuffet gibt es hausgemachte Omeletts und selbstgemachte Obstsalate. Des Weiteren gibt es viele Salate, Sandwiches und Köstlichkeiten aus der amerikanischen Küche.

Das Highlight des Hotels ist ein kleiner Laden im Hotel, der viele Waren direkt vom Bauernhof bezieht.

Selbstgemachte Backwaren, Säfte, Marmeladen sowie leckere Süßigkeiten und Schokoladen, aber auch Souvenirartikel sind nur einige Beispiele des kleinen Shops.

Bei wichtigen Erledigungen steht Ihnen ein Business-Zimmer mit Computern, Faxgeräten und Druckern zur Verfügung.

Das Hotel hat Einzel- und Zweibettzimmer zur Auswahl, aber auch allergikerfreundliche Zimmer sowie eine Hochzeitssuite.

Neben einem Geldautomaten hat man die Möglichkeit, Geld in die Währung Dollar zu wechseln.

Neben der täglichen Reinigung wird eine Schuhputzmaschine angeboten, aber auch das Angebot, Hosen bügeln zu lassen, oder die chemische Reinigung gibt es.

Zudem gibt es einen für jeden begehbaren Wäschesalon.

Chamberlain West Hollywood Hotel

Mit einer perfekten Lage mitten im Westen von Hollywood liegt dieses Hotel. Es befindet sich direkt am „Sunset Boulevard" und man erreicht das „Beverly Center" in 1,7 Kilometern oder das berühmte Hollywood-Zeichen in 7 Kilometern.

Die Unterkunft verfügt über helle, große und geräumige Zimmer.

Neben Ein- oder Zweibettzimmern, Allergiker-Zimmern und VIP-Zimmern bietet es auch Familienzimmer für bis zu 5 Personen.

Ein Fitnesscenter sowie ein ganzjährig nutzbarer Außenpool mit Nichtschwimmerbereich stehen den Gästen zur Verfügung.

Haustiere sind auf Anfrage gestattet, können aber möglicherweise Gebühren abverlangen.

Wenn Sie einen Tagesausflug planen, dann bekommen Sie ein reichhaltiges Lunchpaket für den Tag mit auf den Weg.

Außerdem stehen private Parkplätze gegen eine Tagesgebühr ohne Reservierung direkt am Hotel zur Nutzung bereit.

Hotel Erwin

Das Hotel befindet sich am Strand von „Venice Beach" und man hat einen traumhaften Ausblick auf das Meer und den Strand.

Es liegt ein tolles, sportliches Gefühl in der Luft, wenn Sie vom Balkon aus den Skatern auf ihren Boards oder den durchtrainierten Männern und Frauen, die sich am Strand auspowern, zusehen können.

Die modern eingerichteten Zimmer sowie die große Dachterrasse überzeugen die Gäste.

Das Hotel hat überaus freundliches Personal, welches 24 Stunden für Sie zur Verfügung steht.

Eine Bar bietet in den Abendstunden leckere Cocktails, welche unschlagbare Preise in der Happy Hour haben.

Für den kleinen Hunger steht außerdem eine Snackbar zur Verfügung.

Im Eingangsbereich steht ein Geldautomat, an dem Gäste rund um die Uhr Geld abheben können.

Viceroy Santa Monica

Das Nichtraucherhotel liegt nur wenige Minuten zu Fuß von „Santa Monica State Beach" und „Santa Monica Pier" entfernt.

Es ist elegant eingerichtet und bietet einen tollen Blick auf das Meer.

Zudem sind Kinder, aber auch Haustiere in diesem Hotel zugelassen, sodass ihr Vierbeiner mit auf große Reise kommen kann.

Des Weiteren hat das Hotel einen schön gestalteten Außenbereich, an dem man abends gemütlich an den angelegten Feuerstellen sitzen kann.

Vor allem die öffentlichen Verkehrsmittel sind

sehr gut und schnell erreichbar, sodass man nicht auf das Auto angewiesen ist.

3-STERNE-VORSCHLAG

Corporate Apartments Near Santa Monica
Die etwas andere Möglichkeit neben einem Hotel wäre das Corporate Apartment, welches ein gemütlich eingerichtetes Apartment ist.

Wie der Name schon sagt, befindet es sich in unmittelbarer Nähe zu Santa Monica. „Santa Monica Beach" und „Santa Monica Pier" sind knapp 10 Minuten mit dem Auto entfernt. Zum „Venice Beach" und zum „Rodeo Drive" brauchen Sie ungefähr 20 Minuten.

Wenn Sie Ihren geliebten Vierbeiner in Ihrem Urlaub dabei haben wollen, ist dieses Apartment eine geeignete Möglichkeit. Haustiere sind hier gerne gesehen.

Zudem bietet die Unterkunft komfortable Extras wie ein Außenpool und Fitnessmöglichkeiten. In der Küche, welche ausgestattet ist mit Herd, Kochfeld, Mikrowelle und Kühlschrank, können Sie sich täglich selbst ihr Essen zubereiten. Ein LED-Fernseher mit Netflix gehört außerdem zur Ausstattung.

Wingate by Wyndham
Los Angeles International Airport

Durch die gute Lage zum Stadtzentrum, mit 4-minütiger Fahrzeit zum Flughafen, punktet dieses Hotel. Es bietet einen kostenlosen Flughafen-Service, der Sie vom Flughafen ins Hotel bringt.

Des Weiteren gibt es im Hotel einen Getränkeautomat, welcher Tag und Nacht genutzt werden kann.

Die Zimmer des Hotels haben einen Flachbildfernseher, einen Sitzbereich, eine Mikrowelle, einen kleinen Kühlschrank und zudem eine Kaffeemaschine, die gerne genutzt werden kann.

Kostenfreie Pflegeprodukte bekommen Sie vom Hotel als Geschenk.

In der Nähe befinden sich einige bekannte Sehenswürdigkeiten wie Venice Beach, die University of Southern California und das Los Angeles Memorial Coliseum.

Magic Castle Hotel

Das Hotel liegt im Herzen Hollywoods. Der „Walk of Fame" ist nur wenige Minuten zu Fuß entfernt, aber auch andere beliebte Sehenswürdigkeiten wie „The Magic Castle", „Madame Tussauds Hollywood", das

„Dolby Theater" oder das „Guinness Museum" sind in erreichbarer Nähe.

Das Hotel ist sehr familienfreundlich und bietet diverse Unterhaltungsmöglichkeiten in Form von verschiedenen Büchern, DVDs, Brettspielen sowie Puzzle und Kindermusik.

Der Hotelservice ist sehr freundlich und hilfsbereit und man fühlt sich gut aufgehoben.

Im Eingangsbereich findet man einen Eis- und Getränkeautomaten.

Zudem hat das Hotel einen beheizbaren, ganzjährig nutzbaren Außenpool.

Parkmöglichkeiten sind direkt an der Unterkunft vorhanden.

2-STERNE-VORSCHLAG

Hollywood Orchid Suites

Ein Tipp für diejenigen unter Ihnen, die bei einer Unterkunft sparen wollen, um mehr Geld in Aktivitäten zu stecken, ist das „Hollywood Orchid Suites".

Das Hotel, welches nur wenige Minuten von dem bekannten „Hollywood Boulevard" und dem „Hollywood and Highland Center" entfernt ist, ist das beliebteste in der Preisklasse.

Das Hotel verfügt über einen Außenpool und einen hoteleigenen Parkplatz.

Die tägliche Zimmerreinigung ist selbstverständlich vorhanden und auch einen Waschsalon hat das Hotel zu bieten.

Zudem ist für das leibliche Wohl außerhalb der Essenszeiten dank eines Getränke- und Snackautomaten gesorgt.

Hampton Inn & Suites LAX El Segundo

Ein Hotel direkt am Flughafen, welches eher für einen kurzen Zwischenstopp in Los Angeles gebucht wird.

Durch die guten Anbindungen der öffentlichen Verkehrsmittel kann es aber genauso von Touristen mit längerem Aufenthalt genutzt werden.

In einer Entfernung von knapp 5 Kilometern befindet sich das „Hollywood Park Casino" und in ungefähr 6 Kilometern Entfernung die „Loyola Marymount University".

Es ist mit großen und sehr sauberen Zimmern ausgestattet und relativ preiswert, sodass Sie viel Geld bei der Unterkunft sparen können.

Zudem hat es einen Fitnessraum, einen Innenpool und eine Gemeinschaftslounge mit Fernsehbereich.

Des Weiteren bietet das Hotel einen kostenlosen Shuttleservice vom Flughafen zum Hotel und zurück.

FERIENWOHNUNGEN/ PENSIONEN

Charming Studio on the beach

Diese Wohnung ist komplett für Sie allein. Stilvoll und super gemütlich eingerichtet, hat sie die perfekte Lage mit Blick auf das Meer.

Ein riesiger Balkon bietet Ihnen den ganzen Tag die Möglichkeit, in der Sonne zu liegen und das Rauschen des Meeres in den Ohren zu haben.

Die Wohnung ist für 2 Gäste gedacht, weitere Gäste müssten bei der zuständigen Besitzerin erfragt werden.

Private Los Angeles Bungalow

Ein ganzer Bungalow für Sie allein, mit Platz für 3 Personen.

Die Unterkunft liegt im Norden Hollywoods und bietet eine super Lage zu den besten Attraktionen wie den „Universal Studios", den „Warner Brothers", dem „Griffith Park" und dem „Hollywood Bowl".

Außerdem verfügt es über einen großen

Außenbereich, welcher zum Entspannen, Grillen oder Spielen einlädt.

Charming Studio in Hollywood

Dieses kleine Apartment mit ungefähr 22 Quadratmetern liegt direkt in Hollywood und ist nur einen halben Kilometer entfernt von dem „ArcLight Theater" und nur weitere wenige Kilometer entfernt von dem „Death Museum" und dem „Avalon Hollywood".

Es ist für 4 Personen geeignet und Kinder jeden Alters sind willkommen. Es gibt ein Schlafzimmer, eine Küche und ein Badezimmer.

Zudem werden Handtücher, Bettwäsche, ein Föhn sowie Pflegeprodukte wie Shampoo, Duschgel und Spülung gestellt.

Die kalifornische Küche

Die amerikanische Küche erinnert Sie an kalorienreiches und fettiges Essen wie Burger, Pommes, Donuts, Süßigkeiten und Cola?

Da liegen Sie erst einmal gar nicht so falsch. Es gibt tatsächlich an vielen Ecken Fast Food-Restaurants, die zum Essen einladen.

Doch das Vorurteil täuscht, denn Essen gehört in Kalifornien zum Lifestyle der Menschen und die Küche ist bunt, frisch, leicht, multikulturell und kreativ.

Viele Menschen, aus verschiedenen Ländern leben in einer so großen Stadt wie Los Angeles und sie bringen ihre Vielfalt von zu Hause mit. Die kulinarischen Gerichte sind somit durch Einflüsse aus aller Welt geprägt und werden zu einzigartigen, kalifornischen Variationen.

Der kulturelle Lebensstil und die unterschiedlichen Vegetationszonen bieten außerdem eine Vielzahl an Regionalküchen.

The Ivy

Sie lieben es bunt? Sie lieben Blumen und den Sommer? Dann ist das Restaurant „The Ivy" genau das Richtige, denn es besticht durch seinen einzigartigen Charme und Tischen voller Rosen.

Mit etwas Glück können Sie dort einige Stars beim Essen antreffen, da es einen sehr guten Ruf hat und eine perfekte Lage.

Den Gästen wird eine große Speisekarte geboten. Die Küche bietet hauptsächlich amerikanische Speisen an, welche aber auch für Vegetarier geeignet sind. Glutenfreie Speisen können auf Wunsch bestellt werden.

Die Preisspanne liegt bei 21 € bis 71 € und damit etwas über dem Durchschnitt.

Gus's Barbecue – South Pasadena

BBQ steht in „Gus's Barbecue" ganz oben auf der Karte. Das Restaurant ist bekannt für die guten Fleischgerichte und die schöne Atmosphäre.

Die Gerichte sind sehr groß und das zu fairen Preisen, sodass alle satt werden. Zudem wird eine Happy Hour für Cocktails geboten.

Kinder werden gern hier gesehen, es gibt Kinderstühle und die Möglichkeit, den Kinderwagen an den Tisch zu stellen. Außerdem gibt es eine Kinderkarte mit leckeren Gerichten und einer tollen Auswahl.

Die Preisspanne liegt zwischen 10 € und 20 €, somit wird ein gutes Preis- Leistungs- Verhältnis geboten.

Parkway Grill

Ein schönes, elegantes Lokal, welches mit schönem Ambiente und abendlicher Klaviermusik beeindruckt.

Das Menü bietet für jeden Geschmack etwas an, mit hervorragendem Service, frischen Speisen und angemessenen Portionen – ob Vorspeisen, Brotsorten, Pizza, Pasta, Steak oder Fischvariationen.

Die Preisspanne, die zwischen 29 € bis 70 € liegt, ist relativ teuer, aber definitiv einen Besuch wert.

Eleven City Deli

Ein stilvolles Restaurant im amerikanischen Stil. Die große, umfangreiche Speisekarte bietet vor allem frische Sandwiches und Burger an, aber Sie haben auch die Möglichkeit, den Burger selbst zu erstellen.

Das Restaurant überzeugt mit der Vielfalt an Angeboten und schnellem Service. Ob Sie Früh- oder Spätaufsteher sind, im Eleven City Deli können Sie frühstücken, zu Mittag essen, zu Abend essen und brunchen.

Die Preisspanne liegt bei 17 € bis 25 €.

Grand Central Market

Hierbei handelt es sich um eine Markthalle in Downtown, welche verschiedene Buden und Stände mit einer großen Auswahl an Angeboten bietet.

Kulinarischen Speisen bekommt man auf dem Markt überall und das zu geringen Preisen. Sie können warme sowie kalte Gerichte kaufen oder Alkohol und Snacks verzehren.

Malibu

Das Strandrestaurant ist ein kleiner Laden direkt am Strand.

Es ist eines der wenigen dort, wo harter Alkohol ausgeschenkt werden darf. Neben leckeren Cocktailkreationen bietet das Restaurant auch leckeres Essen, welches durch die Essenstower aus Meeresfrüchten sehr beliebt ist.

Bei schönem Wetter hat man die Möglichkeit, auf dem Privatstrand in einer Strandliege zu entspannen oder sich aber bei schlechtem Wetter drinnen vor dem Kamin aufwärmen.

Nachtleben

Sie sind eine Partymaus und lieben Feiern, Bars und Clubs? Das Nachtleben in Los Angeles beginnt schon früh am Abend, endet aber auch relativ früh.

Die Stadt hat unzählige Bars, Kneipen, Discos und sie macht es einem nicht leicht, sich zu entscheiden, wo man hingeht.

Für Kulturbegeisterte oder diejenigen, die das Feiern an sich nicht mögen, gibt es eine große Auswahl an Theatervorstellungen.

Oder wie wäre es mit einem Kinobesuch?

Oder einer Runde Bowlen?

BARS UND LOUNGES

Everson Royce Bar

Das Everson Royce ist eine gemütliche Bar mit vielen großen, gemütlichen Sitzmöglichkeiten.

Am Wochenende, aber auch unter der Woche ist sie gut besucht. Wer mit einer großen Gruppe kommen möchte, sollte vorher einen Platz reservieren.

Gern gesehen sind auch Geburtstage oder sonstige Festlichkeiten.

An schönen Tagen bietet der offene Innenhof Sitzgelegenheiten, welche schön dekoriert sind und abends beleuchtet werden.

Am Wochenende werden Live-Bands eingeladen, die den Abend mit schöner Musik begleiten. Dazu gibt es eine gute Speisekarte mit Cocktails, Getränken sowie Essen.

Good Times at Davey Wayne's

Ein Ort voller Energy, denn die Besucher lieben die Tanzfläche und die Musik aus den 60er bis 70er Jahren. Dazu gibt es eine schöne und gemütliche Einrichtung, wo man prima mit leckeren Getränken sitzen kann, sowie einen kleinen Innenhof, auf dem man sich abkühlen kann. Sollte es einmal zu voll werden, gibt es 2 Bars, damit Sie nicht zu lange auf Ihr Getränk warten müssen. Das gedimmte Licht im Inneren schafft ein exzellentes Ambiente und ist definitiv einen Besuch wert.

The Love Song Bar

Die Bar ist eine kleine Bar und erinnert viele an eine Studentenbar durch ihre junge, gemütliche Atmosphäre.

In dieser Bar zählen keine hohe Schule oder schicke Kleider oder Anzüge, sondern gute Laune und Lebenslust.

Damit keine Langeweile aufkommt, gibt es eine Reihe von Brettspielen, Billardtischen, Kartenspielen und vieles mehr, welche schnell gute Laune bereiten und bei denen viel gelacht wird.

Die Bar ist in 2 Etagen aufgeteilt und in der oberen Etage befindet sich die Bar selbst mit köstlichen, selbstgemachten Getränken und Cocktails. Außerdem punktet die Lounge mit leckeren Snacks.

Broken Shaker at Freehand LA

Das Ambiente ist wahrscheinlich das Beste, wenn Sie an einem schönen, warmen Abend auf der Suche nach einer Bar sind.

Die Bar liegt auf den Dächern inmitten von Los Angeles. Es ist ein grandioser Ausblick, nahezu ein traumhafter.

Wenn abends die Sonne über den Häusern untergeht, wenn die bunten Lichter der Stadt angehen und das Nachtleben der Stadt beginnt, können Sie dort oben mit einem Cocktail in der Hand sitzen und die Atmosphäre genießen.

Sonnenliegen mit dicken Bezügen und Decken machen es sehr gemütlich, doch das Highlight der Bar ist der Pool.

Die Bar vereint Abkühlung und Entspannung mitten in der Stadt und bietet die perfekte Mischung, um daneben noch neue Leute kennenzulernen.

Zudem sind auch Poolpartys an heißen Tagen angesagt.

NACHTCLUBS

Sound Nightclub

Ein recht überschaubarer Nachtclub mit tollem Ambiente. Die Besucher sind gut drauf und die Tanzfläche ist immer gut gefüllt.

Die Kellner sind freundlich und sehr bemüht, schnell ein leckeres Getränk zuzubereiten.

Die Musik ist für jeden Geschmack geeignet und die Klangqualität ist sehr überzeugend.

Lure Nightclub

Ein Nachtclub, der bei der jüngeren Generation sehr gut ankommt.

Großartige Kellner und talentierte Barkeeper stehen die ganze Nacht zur Verfügung und versuchen, jeden Getränkewunsch umzusetzen.

Die Einrichtung ist ordentlich und es gibt genügend Sitzmöglichkeiten.

Die angesagtesten DJs sorgen für die perfekte Stimmung und machen den Abend zu einem Gelungenen.

Los Globos

Die Diskothek ist ideal geeignet für die alleinstehenden Geschlechter. Die tolle Atmosphäre ist eine gute

Möglichkeit, neue Kontakte zu knüpfen.

Es gibt außergewöhnliche Getränke und leckere Snacks für den Hunger zwischendurch und der Service ist schnell und überaus freundlich.

Ab und zu werden auch Live-Auftritte veranstaltet oder die Besucher selbst dürfen zu Karaoke-Abenden ihr Können unter Beweis stellen.

Der Nachtclub legt viel Wert auf Sauberkeit und Hygiene, was den Besuchern sehr gut gefällt.

Penthouse Lounge & Bar | Nightclub

Es ist einer der beliebtesten Clubs in der Stadt, denn verschiedene Dancefloors bieten unterschiedliche Musikarten nach allen Geschmäckern an. Bunte Lichteffekte lassen die Besucher in das Nachtleben von Los Angeles eintauchen.

Die Cocktails sind sehr lecker und haben gute, bezahlbare Preise. Der Club bietet jeden Mittwoch und Samstag diverse Events an, die viele Menschen in den Club locken.

The Mayan

The Mayan ist ein bekannter Ort und wird als Nachtclub und für Musikveranstaltungen genutzt. Eine große Halle bietet ein perfektes Ambiente und eine gute Akustik.

Es finden dort viele Live-Auftritte und DJ-Auftritte statt und das Publikum vertritt jedes Alter. Zudem gibt es vor der Tür einen großen Parkplatz, aber auch mit öffentlichen Verkehrsmitteln ist der Club gut erreichbar.

BOWLING

Lucky Strike Lanes

Das ist die größte und bekannteste Bowlinghalle in Los Angeles. Zusätzlich zum Bowling befinden sich eine Bar und viele gemütliche Sitzecken in der Halle, an denen Sie den Abend ausklingen lassen können.

Pinz Bowling Center

Jugendliche sind hier besonders gerne gesehen und haben unter vielen Gleichaltrigen schnell die Möglichkeit, neue Kontakte zu knüpfen.

AMF Mar Vista Bowl

Beim Bowlen bekommt man Hunger. Was klingt dann besser als eine Pizza oder eine Portion Pommes mit Mayo und Ketchup? Essen und Bowlen in einem, das wird einem hier geboten.

Jillian´s at Universal City
Neben Bowling können Sie hier auch bei lustigen Karaoke-Liedern mitsingen.

Pickwick Bowling
Tanzen und Bowlen in einem können Sie in Pickwick Bowling. Der Bowlingabend wird schnell zu einem Partyerlebnis, da die Bowlingbahnen unter anderem leckere Cocktails und eine Tanzfläche bieten.

Events, Feste und mehr

In einer Metropole mit Millionen von Einwohnern und hunderten verschiedenen Kulturen gibt es jeden Monat viele kulturelle Feste und Veranstaltungen und es ist ganz egal, wann Sie Los Angeles besuchen, denn langweilig wird es hier nie!

MONATLICHE FESTE UND VERANSTALTUNGEN

Januar: Rosentunier

Jedes Jahr im Januar findet das sogenannte Rosentunier statt.

Es findet am Sierra Madre Boulevard statt, der auf seiner Plattform mit vielen, frischen Rosen verziert wird. Zudem findet eine Rosenparade mit bunt geschmückten Wagen satt.

Straßenkünstler und Musiker sowie Künstler sind auf den Straßen unterwegs. Zudem finden Sportveranstaltungen wie das Bowl-Fußballspiel im Zusammenhang mit dem Rosentunier statt.

Februar: Chinesisches Neujahrsfest

Nur einen Monat später findet das nach chinesischer Tradition veranstaltete Neujahrsfest in Downtown, direkt in Chinatown, statt.

Das Fest ist eines der wichtigsten Veranstaltungen in China und wurde durch die in Los Angeles lebenden Kulturen in die Stadt gebracht.

Es erwarten Sie eine Straßenmesse mit vielen Ständen, Live-Musik, Essen, Karneval und Ähnliches. Das Fest geht durchschnittlich 2 Wochen lang.

März: Marathonlauf

Im März, wenn die Sonnenstunden wieder länger werden, findet in der Stadt der 26 Meilen Lauf statt.

Seit 1986 findet er jährlich auf der Strecke vom Cahuenga Boulevard über den Hollywood Freeways und den Hollywood Boulevard zur Vine Street bis hin zum Gebäude der Capitol Records statt. Weiter geht es im Süden an der University of Southern California und an dem Los Angeles Memorial Coliseum vorbei. Anschließend verläuft die Strecke wieder Richtung Norden und biegt in den Osten Richtung Santa Monica Freeways ab.

Das Ziel ist die Flower Street, in der Nähe des US Bank Towers.

April: Santa Anita

Santa Anita ist eine Pferderennbahn, welche 1934 eröffnet wurde. Sie ist die viertgrößte in den USA und bis zu 85.000 Zuschauer finden hier einen Platz.

Bekannt ist das jährliche Derby-Rennen, das immer im April stattfindet und Millionen von Menschen an diesen Ort treibt.

Mai: Cinco de Mayo

Das Straßenfest Anfang Mai stammt aus Mexiko und soll für die mexikanische Unabhängigkeit stehen. Gefeiert wird es in Downtown mit Musik, Latinostars und vielen mexikanischen Köstlichkeiten.

Juni: X-Games

Die X-Games sind eine Sportveranstaltung des Extremsports, welche regelmäßig im Sommer und Winter in den USA ausgetragen werden. Es findet im Nokia Theater in Downtown statt.

Disziplinen sind unter anderem Motocross, Skateboard, BMX, Rallyecross und Mountainbike.

Juli: Unabhängigkeitstag

Rund um den Unabhängigkeitstag am 4. Juli finden verschiedene Feste und Veranstaltungen statt, bei denen die gesamte Stadt zu einer einzigen Party umgestaltet wird. Die Menschen feiern ausgiebig mit viel Musik und Feuerwerken. Im Hollywood Bowl, Rose Bowl oder am Venice Beach finden die größten Veranstaltungen dazu statt.

August: Surfer Festival

Los Angeles ist beliebt für die langen Sandstrände und das kristallblaue Wasser. Das ganze Jahr über zeigen Surfer aus aller Welt, was sie können. Im August findet das Internationale Surfer Festival statt, wo die einheimischen Wellenreiter ihr Können unter Beweis stellen dürfen, aber auch internationale Spitzensurfer eingeladen sind.

September: LA County Fair

In Pomona findet jedes Jahr im Spätsommer auf dem Messegelände ein Jahrmarkt statt.

5 Tage lang können sich die Besucher auf der größten Messe der USA ihre Zeit an den vielen Ständen vertreiben. Auch für die Kinder gibt es viele Fahrgeschäfte und Häuser, in denen sie sich austoben können.

Oktober: Halloween

Halloween ist das weltweite Highlight im Herbst und vor allem die Kinder freuen sich in Deutschland auf diesen Tag. Die USA sind bekannt für die gruseligen Kostüme und die Dekorationen vor ihren Häusern mit Kürbissen, Gruselmasken und Totenköpfen. Hier feiern nicht nur die Kinder, sondern auch die Erwachsenen sind hocherfreut an diesem Spektakel.

Kneipentouren, Halloweenpartys, Spukhäuser oder riesige Karneval-Umzüge machen allen Beteiligten Spaß.

November: Internationales Filmfestival

Im November finden in den Theatern in Hollywood Filmfestivals statt, bei denen die meistbesuchten Filme, allgemeine Filme, aber auch Veranstaltungen auf dem roten Teppich gezeigt werden.

Dezember: Weihnachtszeit

In Los Angeles wird die Stadt in Weihnachtsstimmung gebracht. Die Marina del Rey Boat Parade ist eine beliebte Attraktion in der Stadt. Hunderte Boote werden mit bunten Weihnachtslichtern geschmückt und Touristen sowie Einheimische können dies bestaunen.

Los Angeles mit Kindern

Sie reisen nach Los Angeles mit Ihren Kindern? Viele der in diesem Reiseführer beschriebenen Aktivitäten können Sie durchaus auch mit Kindern unternehmen, aber gerade Museen, Theater oder große Shoppingtouren bringen den Kindern schnell Langeweile und schlechte Laune. Im Folgenden haben wir für Sie die besten Aktivitäten für Kinder aufgeführt.

Cabrillo Marine Aquarium

Kinder lieben Tiere und Meerestiere sind ganz besonders und auf ihre eigene Art faszinierend. Durch Glasscheiben die im Wasser schwimmenden Tiere beobachten oder die Indoor-Ausstellung anschauen, das Aquarium hat über 11.000 Tierausstellungen.

Zudem bietet sich die Möglichkeit, den Meerestieren beim Füttern zu zusehen und Robben sowie Ottern beim Spielen zu bestaunen.

Studio City Farmers Market

Ziegen, Ponys, Kaninchen und viele weitere Streicheltiere begegnen Ihnen dort. Die Kinder haben die Möglichkeit, diese zu streicheln, und zudem kann man in einige Gehege auch hineingehen.

Wildlife Learning Center

Das Center ist ein großer Tierpark, mitten in der Landschaft Sylmar. Schweine, Affen, Luchse, Faultiere, Eulen, Papageien und mehr als 50 weitere Tierarten begrüßen Sie dort, wenn Sie den Park besuchen.

El Capitan Theatre

Das ganze Jahr über bietet das Theater in Hollywood viele kinderfreundliche Filme, Veranstaltungen und Shows an.

Sky Zone

Die Sky Zone ist ein Indoor-Trampolin-Park. Die Kinder sollten nicht zu klein sein, aber ab einem Alter von ca. 5 Jahren sind die Kleinen dort super aufgehoben. Das Personal ist sehr hilfsbereit und freundlich, sodass die Kinder mit Einverständniserklärung dort auch für einige Stunden allein gelassen werden können.

Shopping in Los Angeles

Shoppingmöglichkeiten in Los Angeles gibt es unendlich viele. In der Stadt gibt es die teuerste Straße der Welt, in der es die luxuriösen und hochwertigen Produkte der teuersten Designermarken zu kaufen gibt. Die Anzahl an Shopping-Möglichkeiten bietet ein Erlebnis für jedes Budget. Besonders beliebt in der Stadt sind die Outlet Malls, da es dort eine Vielzahl an Designermarken zu geringen Preisen gibt.

DIE BESTEN SHOPPING-CENTER

The Blog

Hierbei handelt es sich um ein Shopping-Center in Downtown, welches 2016 erbaut wurde.

Hunderte Läden und Boutiquen ziehen täglich viele Menschen an. Restaurants, Galerien, Kaufhäuser, Bürogebäude sowie Marktplätze mit frischen Lebensmitteln begeistern die Besucher. In den Abendstunden leuchten Millionen von bunten Lichtern die Geschäfte an, sodass es zu einem gemütlichen Flair kommt. Das Shopping-Center ist sehr gut mit öffentlichen Verkehrsmitteln zu erreichen.

Hollywood & Highland

Ein Shoppingcenter direkt in Hollywood neben dem Dolby Theater, in dem die alljährlichen Oscars verliehen werden.

Neben Shopping steht Entertainment an zweiter Stelle. Sommerkonzerte werden auf den großen Plätzen veranstaltet sowie Touren, die Einblicke hinter die Kulissen der Events bieten.

Das Shopping-Center verfügt zudem über einen Open-Air-Bereich in der obersten Etage, auf dem bei schönem Wetter die Sonnenstrahlen hindurch scheinen. Zudem bietet die Mall einen schönen Ausblick auf das Hollywood-Zeichen.

The Grove

The Grove ist in den gesamten USA bekannt und hat mehrere Standorte. Das Besondere hierbei ist, dass das Shopping-Center an eine kleine Stadt erinnert und somit stilvoll versucht wird, das Shopping in einer schönen Atmosphäre ganz besonders zu gestalten.

Highlights sind die durch das Center fahrende kleine, alte Eisenbahn und ein Kino, welches über 14 Säle hat. Inmitten des Centers steht ein großer Brunnen, an dem man gut eine Pause einlegen kann. Wie wäre es dabei mit einem leckeren Eis auf die Hand? Zudem sind die Läden mit Blumen dekoriert und Cafés laden zum Verweilen ein. Die Geschäfte sind nicht so groß, aber dafür gibt es für jeden Geschmack eine Vielzahl an Büchern, Kleidung, Elektronik, Souvenirs und mehr.

Beverly Center

Das Center ist eines der etwas teureren Shopping-Möglichkeiten. Es befindet sich an der Grenze von Beverly Hills zu West Hollywood.

1992 wurde es eröffnet und hat das erste Hard Rock Café unter den Läden gehabt. Das Shopping-Erlebnis wird mit Ausstellungen im Inneren und mit einem einzigartigen Flair abgerundet. Es gibt die meisten der Top-Markenläden wie Sephora, Montblanc, Burberry und Gucci, aber auch preiswertere Läden wie H&M und Topshop.

Santa Monica Place

Ein Shopping-Center direkt in Santa Monica ohne ein Dach über dem Kopf ist eine geeignete Anlaufstelle bei schönem Wetter. Eine große Dachterrasse mit mehreren Restaurants kulinarischer Variationen rundet dies ab. Dort können Sie das Wetter genießen, leckeres Essen verzehren und nebenbei den Ausblick auf die Stadt, die Berge und das Meer genießen.

Im Santa Monica befindet sich zudem ein Kino, da diese Kombination in den USA sehr beliebt ist. Dieses wurde 2015 eröffnet. Geschäfte gibt es von preiswert bis teuer, sodass jeder bei einer Tour durch das Center fündig wird.

DIE BELIEBTESTEN OUTLET MALLS

Ontario Mills Outlet Mall

Das Outlet ist eine sehr große Mall mit über 200 Geschäften. Der Eingangsbereich begrüßt die Gäste mit einem großen Schriftzug des Outlets und mit bunten Blumenranken.

Es gibt viele Restaurants und Läden, die gute Markenartikel zu geringen Preisen anbieten. Hollister und Abercrombie, Ralph Lauren, Polo, Converse und viele weitere laden die Besucher zum Shoppen ein. Das Shopping-Center ist klimatisiert, sodass es auch an heißen Tagen dort sehr angenehm ist. Zudem gibt es vor dem Outlet einen großen Parkplatz, der für die Besucher kostenlos ist.

Die Öffnungszeiten sind montags bis samstags von 10 Uhr bis 21 Uhr und am Sonntag von 11 Uhr bis 20 Uhr.

Camarillo Outlets

Es ist ein Outlet inmitten von Palmen und Sommerfeeling. Die Anlage ist so groß, dass trotz vieler Besucher ein entspanntes Shoppen ermöglicht wird.

Davor gibt es einen großen kostenlosen Parkplatz, der für die Gäste zur Benutzung bereitsteht.

Das Outlet bietet eine gute Auswahl an ungefähr 160 Geschäften und präsentiert Marken wie Kenneth Cole, Saks Fifth Avenue OFF 5TH, Tommy Hilfiger, Tory Burch, Polo Ralph Lauren, Ugs, Timberland und viele weitere. Mit Restaurants wie Starbucks oder Johnny Rockets ist für das leibliche Wohl gesorgt. Zudem gibt es ausreichend Sitzmöglichkeiten.

Das Outlet hat jeden Tag geöffnet, von montags bis samstags 10 Uhr bis 21 Uhr und sonntags von 10 Uhr bis 20 Uhr.

Desert Hill Premium Outlets

Das Outlet liegt etwa eine Stunde von Los Angeles entfernt, ist die Fahrt aber absolut wert.

Kompakt und stilvoll wurde es gebaut. Das macht es relativ einfach, schnell von einem Laden zum anderen zu kommen. Das Desert Hill hat knapp 180 verschiedene Läden und deckt so gut wie alle Wünsche ab. Marken wie Burberry, Coach, Levis, Dolce & Gabbana, Gucci, Kate Spade New York, Michael Kors Tom Ford und Valentino finden Sie dort, und zwar zu einem Bruchteil dessen, was Sie normalerweise kosten.

Außerdem gibt es die Möglichkeit, sich auf der Homepage von Premium Outlets für den VIP-

Shopper-Club anzumelden. Dann bekommt man Coupons zum Herunterladen, die für zusätzliche Prozente beim Einkauf sorgen. Weiterhin gibt es ein ganzes Buch mit Gutscheinen für alle Geschäfte und einzelne Extra-Coupons von Geschäften, die eine Sonderaktion anbieten.

Das Outlet hat für Besucher täglich von 10 Uhr bis 20 Uhr geöffnet und schließt nur an seltenen Ausnahmetagen wie Feiertagen.

Citadel Outlets

Sie haben sicherlich noch kein Outlet gesehen, das so aussieht wie das Citadel Outlet. Früher diente das Gebäude als Reifenfabrik und die Fassade erinnert an das alte Babylon Gebäude.

Es gibt für die ganze Familie Geschäfte, die Sie interessieren werden. Für die Erwachsenen gibt es vor allem viele zusätzliche Rabattaktionen auf die Markenartikel. Dazu gibt es am Servicepunkt ein spezielles Couponheft. Für Kinder ist das Disney-Outlet etwas ganz Besonderes. Neben dem Shopping-Erlebnis bietet das Outlet diverse Events und Veranstaltungen an, zum Beispiel zum Muttertag das Event „Moms & Mimosas".

Wenn Sie zusätzliche Informationen über Reise- und Ausflugsziele in der Umgebung benötigen, dann ist das California Welcome Center die passende Anlaufstelle.

Wer mit dem Auto ankommt, hat die Möglichkeit, einen der kostenlosen Parkplätze zu nutzen. Alternativ bietet das Outlet auch Shuttle Services von mehreren Hotels an, welcher allerdings kostenpflichtig ist.

Tipp: Beachten Sie vor dem Shoppen die aktuellen Zollbestimmungen. Momentan gilt eine Grenze von maximal 430 € pro Erwachsenem.

Tipps zum Geldsparen

Sie haben bisher immer zu viel Geld im Urlaub ausgegeben? Sie hatten, als Sie wieder zu Hause waren, ein leeres Portemonnaie? Dass man im Urlaub öfter die Kreditkarte zückt, ist jedem bewusst. Jedoch sollte dies natürlich trotzdem in seinem möglichen und geplanten Rahmen stattfinden.

In den USA ist die Währung US-Dollar und damit wird bezahlt. Daher müssen Sie den € in diese Währung eintauschen, was bei einer zuständigen Bank in Deutschland schnell gemacht ist.

Aber auch in den USA haben Sie die Möglichkeit, bei einer Bank oder einem Wechselautomaten das Geld einzutauschen. Die Wechselkurse schwanken ständig, weshalb man grundsätzlich in den USA gut einkaufen kann, da momentan der Euro stärker als der US-Dollar ist. Dieser Reiseführer hilft Ihnen, im Urlaub Geld zu sparen und mit hilfreichen Tipps trotzdem auf Ihre Kosten zu kommen.

- Zum Shoppen nicht die kleinen Läden in Los Angeles wählen, sondern das Shopping in den Outlet-Malls bevorzugen. Hier gibt es viele Markenartikel zu günstigen Preisen, zum Beispiel Schuhe, welche nur 1/3 des Preises in Deutschland kosten.
- Einen Mietwagen vorher in Deutschland buchen. Dazu gibt es im Internet diverse Angebote, bei denen Sie richtig Geld sparen können. Unterschiede bei den Kosten gibt es bei der Automarke, der Größe des Autos und wie alt der Fahrer ist. Tanken können Sie in den USA überall und es ist vor allem sehr günstig.
- Günstigere Wohngegenden auswählen, wie zum Beispiel Santa Monica.

- Deals im Supermarkt ausnutzen, beispielsweise die 2-für-1-Aktionen oder gekennzeichnete Rabatt-Ware, welche in Amerika keine Seltenheit ist. Zudem findet man in Zeitschriften Coupons zum Herausschneiden.

- Alternativen zu Taxis: Uber und Lyft wählen. Die beiden Transportmittel funktionieren wie Taxis, sind aber sehr preiswert. Zusätzlich bieten sie die Möglichkeit, die Fahrten direkt über PayPal zu bezahlen und sie sind in jeder Situation, auch bargeldlos, einsetzbar.

- Kostenlose Aussichtsplattformen besuchen. Das Griffith Observatory und das Rooftop sind sehr empfehlenswert, um eine perfekte Aussicht zu genießen.

- Diejenigen unter Ihnen, die mit Camping kein Problem haben, können dies in Betracht ziehen und dadurch viel Geld sparen. Los Angeles bietet überall sehr günstige Übernachtungsmöglichkeiten und mit etwas Glück auch Kostenlose. Dies kommt aber auf die Gegend an. Kombinieren kann man das Camping auch, indem man zusätzlich einige Tage im Hotel dazu bucht.

Praktische Informationen

TELEFONIEREN

Notrufnummern

- Polizei, Feuerwehr, Krankenwagen: 911
- Verkehrsinformation:511
- Auskunftsnummer: 411

Die wichtigsten Informationen für das Telefonieren in der USA

Eine Calling Card ist sinnvoll, wenn Sie viel telefonieren. Diese bekommen Sie in Supermärkten oder Internetläden.

Bei Ferngesprächen muss immer eine 1 und dann die entsprechende Ortsvorwahl (dreistelliger

Code) gewählt werden. Im Anschluss wird eine 7-stellige Telefonnummer gewählt.

Um nach Deutschland zu telefonieren, lautet die Vorwahl „01149".

Den kostenlosen Dienst erreichen Sie, wenn Sie die 1-800 wählen.

ÖFFNUNGSZEITEN

- Die meisten Geschäfte öffnen von 10 bis 21/22 Uhr.
- Supermärkte haben 24/7 offen und sind somit jederzeit erreichbar.
- Tankstellen sind ebenfalls rund um die Uhr geöffnet.
- An Feiertagen haben die Läden individuell verkürzt offen – außer an Thanksgiving und Weihnachten, dann sind die Geschäfte geschlossen.
- Restaurants schließen im Normalfall zwischen 22 und 24 Uhr.

REISEBUDGET

Wie viel Geld Sie mit nach Los Angeles nehmen, bleibt letztendlich Ihnen selbst überlassen.

Flug- beziehungsweise Fahrtkosten sowie die Unterbringungskosten sind nur der Anfang. Shoppingtouren, Outlet Malls, Restaurants und Sehenswürdigkeiten verschlingen schnell die eingeplanten Möglichkeiten.

Verpflegung

Im Schnitt sollten für die Verpflegung mindestens 25 € am Tag eingeplant werden. Bei regelmäßigen Restaurantbesuchen muss natürlich mehr eingeplant sein.

Eintrittsgelder

Je nach geplanter Aktivität ist den Kosten keine Grenze gesetzt. Vergnügungsparks, wie zum Beispiel das Disneyland oder die Universal Studios Hollywood, kosten pro Person mindestens 120 €.

Grundsätzlich sollten Sie um die 50 € pro Tag für Eintrittsgelder einplanen.

Sonstige Kosten

Fahrkarten, Shoppingtouren, Handykosten, Mietwagen und Ähnliches sollten mit in Ihrer Planung aufgenommen sein.

Pro Tag sollten Sie je nach Tätigkeiten ungefähr zusätzliche 30-50 € einkalkulieren.

KRANK IN DEN USA

Arztbesuche

In den USA gibt es keine gesetzliche Krankenversicherung.

Die Behandlungskosten können schnell hohe Summen erreichen und Ihren finanziellen Rahmen sprengen. Wer sich die Behandlung nicht leisten kann, wird nicht liegen gelassen, aber nur grundversorgt.

Information: Die Behandlungskosten in den USA sind die teuersten der Welt.

Abrechnungen nach einem Arztbesuch:
Der behandelnde Arzt möchte vor der Behandlung das Geld, entweder bar oder per Kreditkarte, haben. Wichtig ist, die Rechnungen für die Krankenkasse aufzuheben.

Tipp: Zahlen Sie, wenn möglich, bar. Patienten, die in Vorkasse treten, werden bei der Behandlung gegenüber Versicherten bevorzugt.

Krankenhausaufenthalte
Bei einem Krankenhausaufenthalt ist es wichtig, dass Sie oder gegebenenfalls Angehörige mit Ihrer Krankenversicherung sprechen, um die Kostenübernahme vorab zu klären.

STADTVERKEHR

Diejenigen, die das Auto als Verkehrsmittel bevorzugen, sollten entsprechend Geduld und Ruhe mitbringen, da zu Stoßzeiten die Straßen geradezu überfüllt und unübersichtlich sind.

Parken ist sehr schwierig, außerdem recht teuer. Illegales Parken sollte unbedingt vermieden werden, denn die Regelung dazu ist in den USA konsequent und die Strafzettel werden bis nach Deutschland verschickt.

Empfehlenswerter ist es, die öffentlichen Verkehrsmittel zu nutzen, da U-Bahnen, Shuttles oder Busse an jeder Straßenecke in Los Angeles zu finden sind.

Es reicht wahrscheinlich aus, zu sagen, dass Los Angeles über eines der besten Verkehrsnetze der USA verfügt.

Für Bus und Bahn gibt es Einzel-, aber auch Zehnerfahrkarten zu kaufen, die an den Ticketautomaten erworben werden können.

Tipp: Der „Metro Pass" ist in vielen Hotels und Supermärkten erhältlich und ermöglicht die unbegrenzte Nutzung von öffentlichen Verkehrsmitteln.

Regeln in den USA

VERHALTENSREGELN

- Wenn Sie von der Polizei angehalten werden, sollten Sie solange im Auto warten, bis Sie zum Aussteigen aufgefordert werden.
- In den USA heißt es Anstehen. Vordrängeln ist nicht erwünscht.
- Besuchen Sie ein Restaurant, warten Sie, bis eine Bedienung Ihnen einen Platz zuweist.
- Beim Bezahlen ist es üblich, Trinkgeld zu geben. Die Bedienungen verdienen in diesem Beruf nicht sehr viel, weshalb mindestens 15 % bis 20 % gegeben werden.
- Alkohol kaufen ist erst ab 21 Jahren möglich und er wird in blickdichten Tüten transportiert.

- Rauchverbot herrscht überall, es sei denn, ein Schild erlaubt dies.

REGELN BEIM AUTOFAHREN

- Wenn Sie mit dem Auto unterwegs sind, beachten Sie den dort herrschenden Rechtsverkehr.

- Zum Autofahren müssen Sie 16 Jahre alt sein und einen internationalen Führerschein besitzen. Dieser kann beim zuständigen Straßenverkehrsamt beantragt werden.

- Es ist wichtig, die Geschwindigkeitslimits zu kennen und einzuhalten, ansonsten drohen Ihnen hohe Geldstrafen, die besonders im Urlaub ziemlich ärgerlich sind. Schon 10-15 km/h zu schnell kosten Sie bis zu 180 € Strafe.
- Erlaubt sind:
  - → 104 km/h auf Highways
  - → 40 km/h in Ortschaften
  - → 25 km/h in Orten mit Schulen
  - → 104 km/h bis 120 km/h auf Schnellstraßen/ Autobahnen

- Beim Parken sollten Sie unbedingt ein Parkticket ziehen, da ein ungültiges Ticket schnell ein Bußgeld bis zu 158 € fordern kann.
- Wichtig ist es, dass Sie beim Autofahren immer Ihren aktuellen Führerschein bei sich haben. Anders als in Deutschland ist das Nicht-Mitführen mit 94 € sehr teuer.
- Es herrscht absolutes Alkoholverbot am Steuer.
- An roten Ampeln dürfen Sie rechts abbiegen, es sei denn, dort steht ein Halteschild.
- Blinkende Schulbusse dürfen nicht überholt werden.
- In der Stadt können Ihnen rote Hydranten an den Straßenseiten auffallen.
- Dort ist absolutes Halteverbot aufgrund von Brandgefahr.
- Parken Sie an den Orten trotzdem, müssen Sie damit rechnen, abgeschleppt zu werden.

REGELN AM STRAND

- Streng verboten in den USA ist es, sich nackt zu zeigen. Dazu zählen ebenso Babys und Kinder, denn auch diese müssen entweder Windeln, Badebekleidung oder normale Kleidung tragen. FKK Strände, wie sie aus Deutschland bekannt sind, gibt es in den USA relativ selten. Nutzen Sie auch zum Umziehen die dafür vorgesehenen Umkleidekabinen.
- Alkohol- und Rauchverbot an den Stränden.
- Achten Sie auf Haie, denn an der Westküste herrscht Hai-Gefahr.
- Sie sollten beim Baden darauf achten, dass Sie nicht in der Nähe von Beutetieren, wie beispielsweise Robben, schwimmen.

Sprachführer

Deutsch	Englisch
Redewendungen	**Sayings**
Guten Tag/ Guten Abend	Good morning/ Good evening
Hallo!	Hello!
Wie geht es Ihnen?	How are you?
Mir geht es gut.	I´m fine.
Können Sie mir bitte helfen?	Can you help me please?
Vielen Dank!	Thank you very much!
Nein, danke!	No thanks!

Ja, bitte!	Yes please!
Bitte	please
Ich verstehe Sie nicht.	I don´t understand what you are saying.
Wie heißen Sie?	What´s your name?
Sprechen Sie Deutsch?	Do you speak German?
Ich benötige Hilfe!	I need help!
Auf Wiedersehen	Goodbye
Würden Sie mir sagen, wie spät es ist?	Do you have the right time?
Kann ich einmal telefonieren?	Can I make a phone call please?
Wo ist das nächste Touristenbüro?	Where ist the next tourist office?
Wie komme ich zum Bahnhof?	How do I get to the train station?
Können Sie mir ein Taxi rufen?	Could you call me a taxi?

Gesundheit/ Notfall/Hilfe	Health/emergency/ help
Gefahr	danger
Hilfe!	Help!
Wo sind Toiletten?	Where ist the toilet?
Ich fühle mich nicht gut	I don´t feel well
Arzt	doctor
Krankenhaus	hospital
Polizei	police

Richtungen	Directions
Nach links	to the left
Nach rechts	to the right
Geradeaus	straight
Rückwärts	backward
Wie weit ist es noch?	How far is it?
Es ist die falsche Richtung.	It is the wrong direction.
Norden	north
Süden	south
Westen	west
Osten	east

Datum/ Uhrzeit/Tag	date/time/day
Wie viel Uhr ist es?	What time is it?
Wann?	When?
morgen	tomorrow
Montag	Monday
Dienstag	Tuesday
Mittwoch	Wednesday
Donnerstag	Thursday
Freitag	Friday
Samstag	Saturday
Sonntag	Sunday
Heute	Today

Einkaufen/ Handeln	Shopping/ Trading
Wo finde ich einen Supermarkt?	Where can I find a supermarket?
Wie viel kostet es?	How much does it cost?
Ich möchte es gerne kaufen.	I would like to buy it.

Das ist mir zu teuer.	That is too expensive for me.
Das gefällt mir!	I like that!
Ich schaue mich nur um.	I´m just looking around.

Essen	**Food**
Wasser	water
Tee	tea
Kaffee	coffee
Saft	juice
heiß	hot
kalt	cold
Es ist lecker!	It is tasty!
Es schmeckt mir nicht.	I do not like it.
scharf	spicy
süß	sweet
Flasche	bottle
Ich habe Hunger!	I´m hungry!

Genießen Sie Ihren Aufenthalt und kommen Sie erholt zurück!

Herstellung und Verlag:

BoD – Books on Demand, Norderstedt

ISBN: 9783751971942

1. Auflage

Kontakt: Psiana eCom UG/ Berumer Str. 44/ 26844 Jemgum

Covergestaltung: Fenna Larsson

Coverfoto: depositphotos.com